나를 다스리는 법

나의 幸福도 不幸도
모두 내 스스로가 짓는 것
결코 남의 탓이 아니라
나보다 남을 爲하는 일로 福을 짓고
겸손한 마음을 德을 쌓아라
모든 罪惡은 탐욕과 성냄과
어리석음에서 생기는 것
늘 참는 것으로 滿足하라
웃는 얼굴 부드럽고
眞實된 말로 남을 對하고
모든 일은 順理에 따르라
나의 말은 삶이 남을 爲한 길임을
길이 새길 것이며
나를 아끼듯 父母를 섬겨라
웃어른을 恭敬하고
아랫사람을 사랑할 것이며
어려운 이웃들에게
따뜻한 情을 베풀어라
내가 지은 모든 善惡의 結果는
반드시 내가 받게 되는 것
순간 순간을 후회없이 살아라
하루 세때 나를 돌아보고
남을 미워하기 보다는
내가 참회하는 마음을 살아라

기사년 설도절 혜광 유영희

青山影裏
碧溪水
容易東流
爾莫誇
一到滄海
難復還
滿空明月
且逍遙

希望
흑풍이 부는
들판에도
꽃은 피고
지진난 땅에도
샘은 있고
초토 속에도
풀은 솟아 난다
아침해
오늘이 고달퍼도
희망찬 내일이 있다
바이론 作

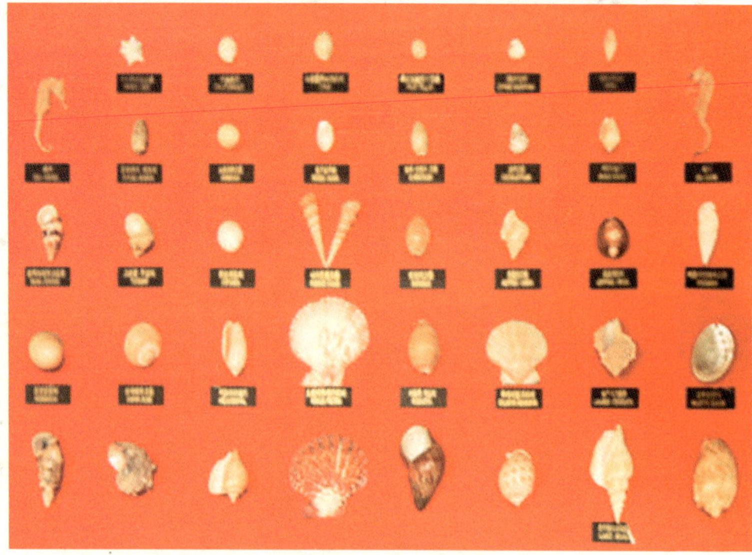

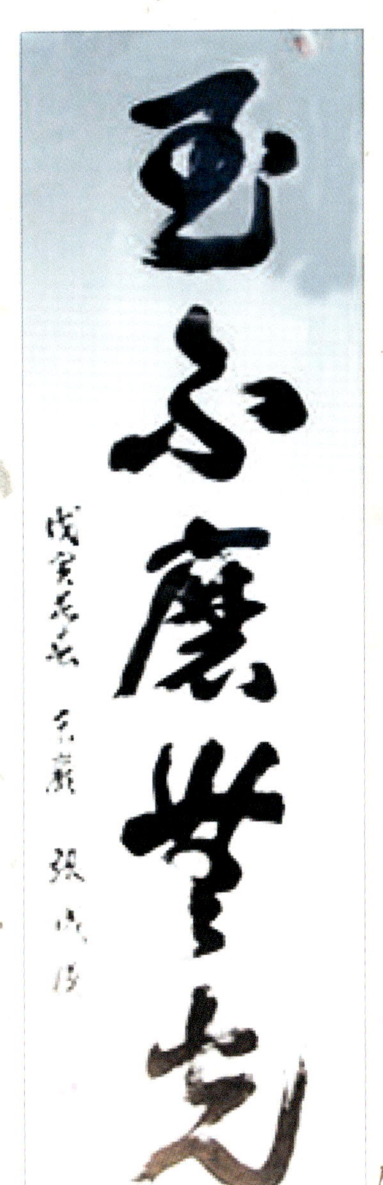

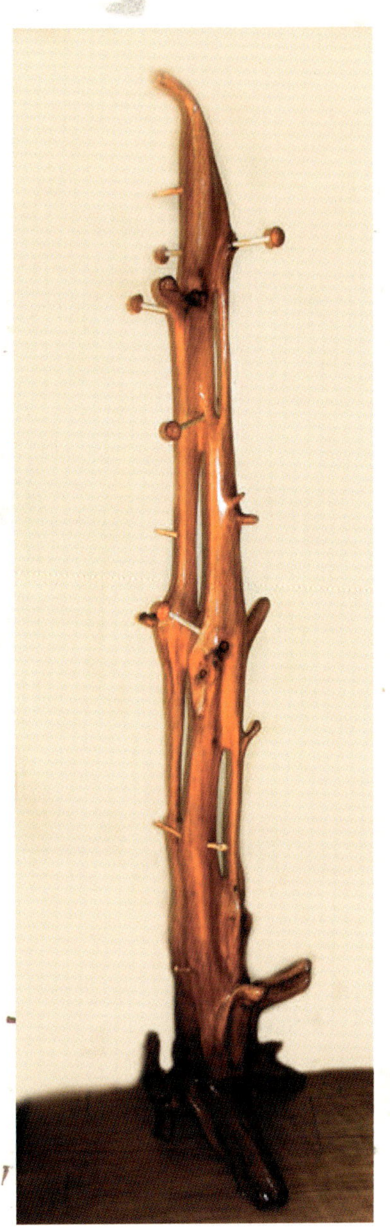

家龢萬福

庚午之夏 長田居士

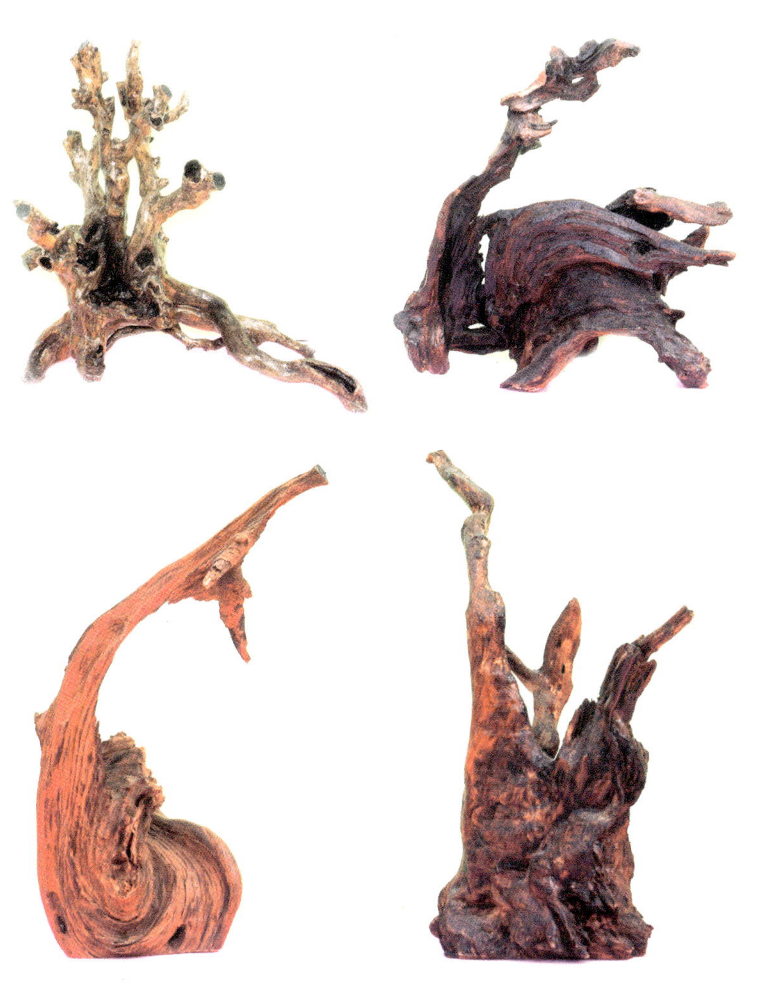

문학공원 시선 102

괴목과 소장품 전시를 겸한 시집

윤규조 시집

죽어서도 사는 나무

산이 내려다 본다
들이 올려다 본다

서로가 마주 보고서
짝을 이루었다.

도우며
채워주면서
어울려 사신단다

문학공원

<시집을 내며>

구구절절이 나의 희로애락이 함께 담긴 작품

관솔은 백년 이상 자랐다가 죽은 나무가 4,5년 썩어 만들어진 소나무의 뿌리다.

일제강점기시대에는 관솔로 횃불을 만들어 마을을 오가며 전깃불을 대신했고 일본정부는 전 국민에게 관솔을 공출하라고 요구한 적도 있었다.

1985년부터 2015년까지 30년 동안 관솔을 가지고 괴목을 깎으며 일생동안 취미를 삼았다.

관솔을 깎고 다듬으며 구구절절이 나의 희로애락도 함께 담긴 작품으로 승화되었다.

그냥 버리자니 아까운 생각이 들어 한 권의 책으로 묶는다.

우리 집의 동쪽에는 경기도에서 제일 높은 국망봉이 솟아 있고 서쪽에는 사향산이 위치하고 있다.

등산 가방을 메고 집에서 나오면 나는 늘 국망봉이나 사향산으로 향하곤 했다.

산수 좋은 곳에서 맑은 공기를 맡아가며 구석구석 다니다보면 죽은 소나무그루터기 아래서 관솔을 만난다.

그러면 나는 관솔을 삽으로 캐거나 톱으로 잘라 집으로 가져온다. 그리고는 이내 행복한 작업이 시작된다.

제3자가 볼 때는 별것 아닌 것처럼 보일는지 몰라도 나에겐 소중한 정성이 모아진 작품이다.

나무를 만나면 행복했다.

산 나무는 푸르러 좋았고, 죽은 나무는 내 말을 잘 들어줘서 고마웠다.

썩은 나무를 주워와 깎고 파내고 다듬다보면 아픈 나를 잊어버렸다.

외로운 나도 잊어버렸다.

그리고 행복한 내가 나무속에서 나와서 싱글벙글 하고 있었다.

이제 소원 하나를 이룬다.

내가 만든 것들은 모두 불타 없어질 지라도 이 책 속에서 영원히 살아갈 것을 생각하니 행복하다.

이웃에서 동무해준 이인웅 시인님과 보잘 것 없는 것들에게 생명을 불어넣어준 김순진 교수님께 감사드린다.

아울러 마홀문학회 회원들과 포천문인협회 회원님들께도 감사드린다.

2015년 겨울

윤 규 조 배상

<서문>

나무를 자식처럼 사랑하고 나무를 친구처럼 아끼는 분

김 순 진(시인 · 문학평론가)

윤규조 시인은 아버지뻘 되는 분이다. 아버지와 자주 약주를 드시던 분이다. 내 고향인 이동에서 사시는 분이니 나와는 정말 깊은 인연이 있다고 해도 좋을 분이다.

그런 윤규조 시인께서 괴목을 좋아하는데 자신이 갈고 닦고 사포질한 괴목작품들을 시와 함께 책으로 내고 싶다는 의견을 피력해오셨다. 처음에는 책으로 낼만한 꺼리가 되겠느냐 싶었다. 그냥 취미 정도이시거니 생각도 했다. 그런데 막상 사진을 찍어다가 포토샵 작업을 해보니까 사진 찍어오길 정말 잘했다는 생각이 들었다. 모두가 생명이 있으며 모두가 개성을 가지고 있는 작품들이었기 때문이다. 거기에 윤규조 시인이 그동안 포천문인협회와 마홀문학회 등지에서 활동하면서 발표한 작품들을 모아 함께 책을 펴낸다.

사람들은 꽃을 보거나 하늘을 보면 눈물이 날 것 같다는 사람을 두고 시인 같다고 말을 하는데 나는 그렇게 생각하지 않는다. 시인이란 모름지기 전혀 모르는 미지의 세계를 한 점의 두려움

없이 마음 놓고 들어가 보는 사람이 아닐까? 고장이 나거나 단절, 퇴직이나 실패에서 오는 시간들을 기회로 받아들이는 사람이야말로 시인다운 사람이다.

흔히 시의 첫줄은 신이 써준다는 말이 있다. 좋은 영감을 받아야 시가 잘 써진다는 말도 되고, 시작이 좋을 때 시가 잘 써진다는 말로도 풀이할 수 있다. 그런데 윤규조 시인은 시작을 너무나 자연스럽게 시작한다. 일상적인 이야기를 풀어나가는 형식인데 많은 사람들이 백일장 같은데서 시제를 주고 시를 쓰라고 하면 가슴이 콱 막히면서 말문까지 막혀서 막연하게 앉아있기 일쑤인데 반하여, 윤규조 시인은 회고를 통한 반성과 성찰로 자연스럽게 이어나간다. 읽는 사람을 애매모호한 말로 고문하지 않기 때문에 편안하게 다가온다.

모름지기 시인이 되려고 하면 해박한 지식이 필요한 것이 아니다. 여행을 많이 한 사람도 아니다. 높은 지위에 있는 사람도 아니다. 그러면 시인은 어떤 소양이 필요한 걸까? 시인이란 탐험정신도 있어야 하고 개척척정신도 있어야 하겠지만 무엇보다도 작은 것을 크게 볼 줄 알고 큰 것을 하찮게 여길 줄 아는 소양이 있어야 한다. 풀꽃과 조약돌 한 개에서 우주의 섭리를 읽어내야 하는데 윤규조 시인의 시가 대략 그러하다는 느낌을 준다.

윤규조 시인의 어떤 시를 보면 인간의 모성본능이나 고향회기본능을 자극하는가 하면 어떤 시는 어려움을 딛고 툭툭 털고 일어나 새로운 희망으로 향하자는 메시지의 시도 있다. 시에서나 인간사에서나 가장 중요한 것은 사랑하는 마음이다. 윤규조 시인은 사람들을 사랑하고 풀꽃을 사랑하며 무엇보다도 나무를 사랑하고 시를 사랑한다.

윤규조 시인의 시를 읽고 있노라니 "수필은 연이요, 학이요, 백자연적이다."라는 피천득 수필가의 수필이 생각난다. 사소한 일상에서 시작된 이야기를 연처럼, 학처럼, 백자연적처럼 우아하고 아름답게 써내려갔기 때문이다. 시는 사람 사는 맛이 나야 한다. 반성과 성찰을 주는 이런 시는 불필요한 말을 적당히 삼가고 뾰족한 말이나 유식한 척 배운 척 하는 말을 삼가며 있는 그대로 사소한 이야기에 생명을 불어넣어 더욱 공감이 가게 한다.

윤규조 시인은 나무를 자식처럼 사랑하고 친구처럼 아끼는 분이다. 작가의 말에서 표현하셨듯이 윤규조 시인은 혼자 사는 분이지만 절대 외롭지 않다. 나무가 있고 시가 있고 신앙이 있어서 교회에 다니니 늘 행복이 넘친다. 그래서 그의 입가에서는 웃음이 떠나지 않는다.

한 사람의 생각과 노력이 책으로 만들어진다는 것은 매우 소중한 일이다. 작품성을 차치하고서라도 그가 오랜 시간을 두고 손을 베어가며 만들어낸 조각 작품들이 이제 국립중앙도서관의 서재 속에서 영원히 살아갈 것이라 생각하니 내가 더욱 마음 설렌다.

진심으로 축하드린다.

여덟 폭 병풍

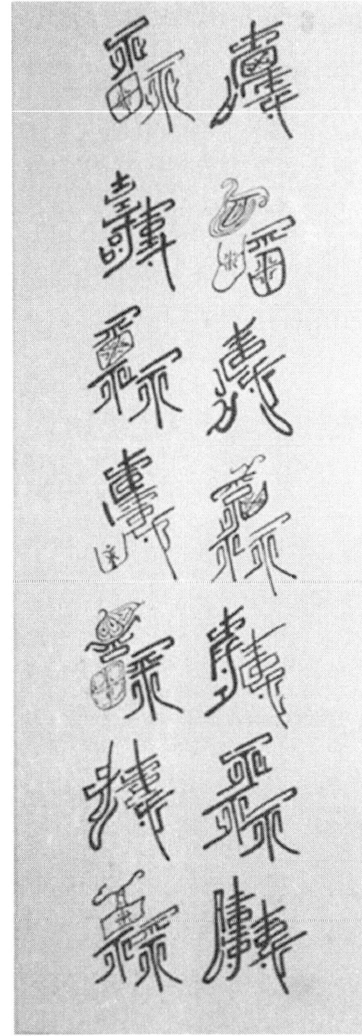

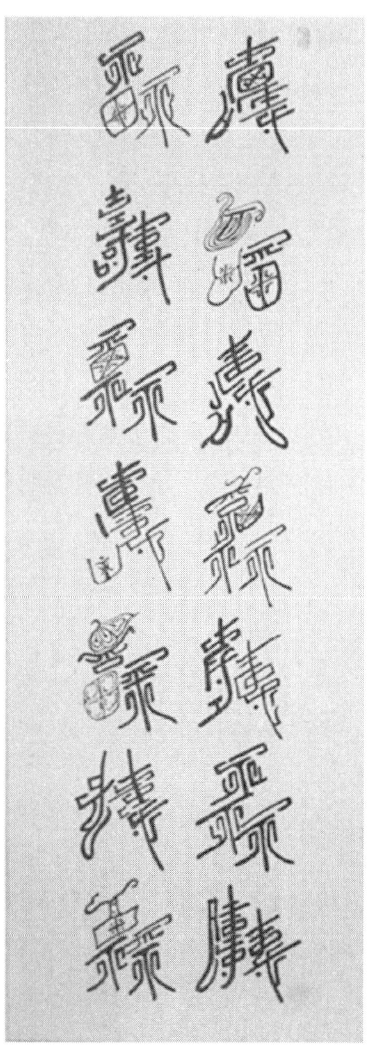

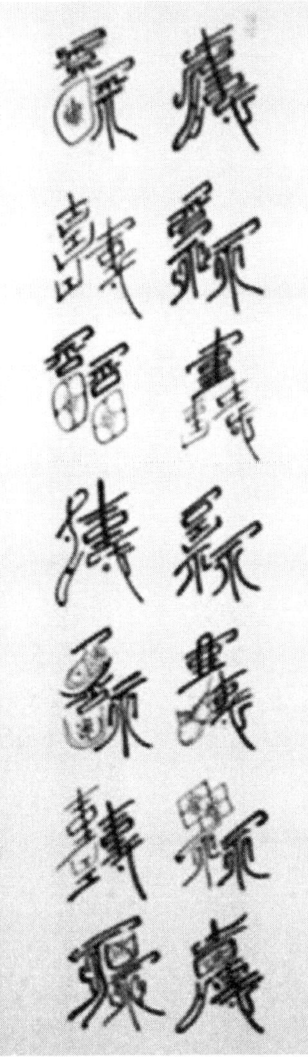

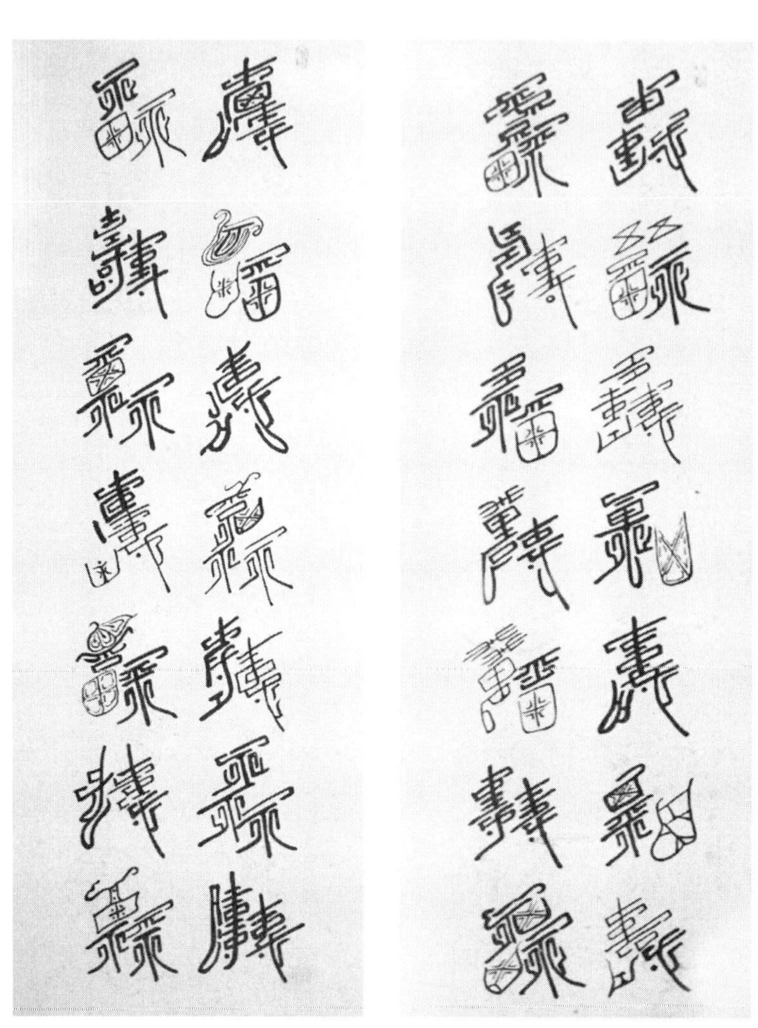

壽福壽福壽福壽
福壽福壽福壽福
壽福壽福壽福壽
福壽福壽福壽福

1부

산

내 생에 최대의 자랑은 한 번도 실패를 하지 않았다는 것이
아니라 넘어질 때마다 일어섰다는 것이다.
-골드 스미스

승자가 자주 쓰는 말은 "다시 한 번 해보자" 이고 패자가 자주 쓰는 말은 "해봤자 별 수 없다" 이다.

- 탈무드

산

산이 내려다 본다
들이 올려다 본다

서로가 마주 보고서
짝을 이루었다.

도우며
채워주면서
어울려 사신단다

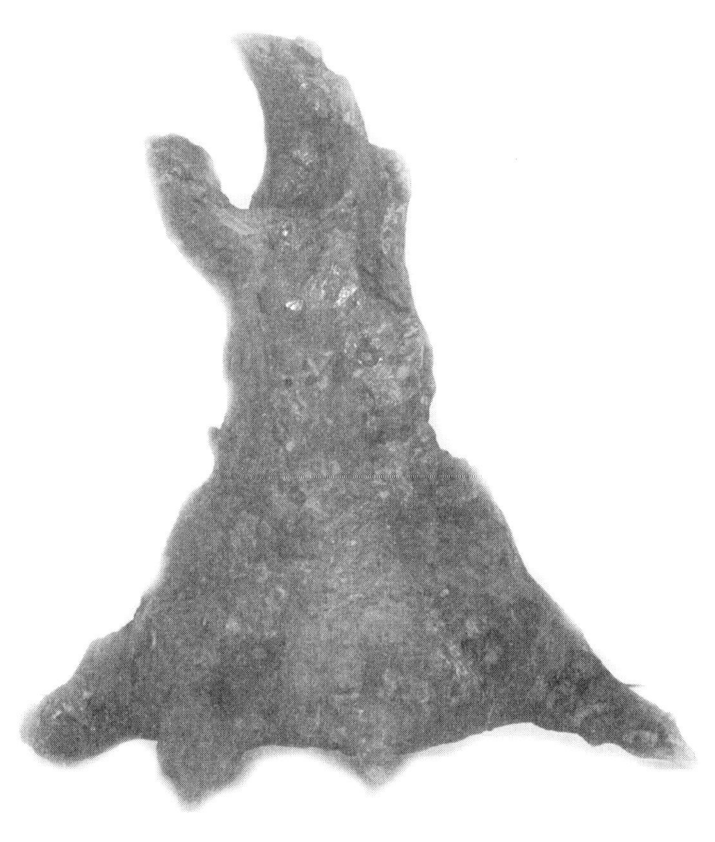

훌륭한 판단은 경험에서 비롯되지만 경험은
서투름에서 비롯된다.
- 나폴레옹

친구 무덤 앞을 지나며

조기 운동 가는 길에
친구 무덤 앞을 지나간다
그가 세상 떠난 지 어언 십 년
그래도 많이 살았구나

허무한 인생사
좋은 일 궂은 일 이겨내면서
살아갈 여생
즐겁게 멋있게 살아가길 기원해본다

오늘도
즐거운 조기 운동
아침 식사도 맛있구나

할 수 있다고 생각하기 때문에 할 수 있는 것이다.

- 베르길 리우스

사람은 행복하기로 마음먹은 만큼 행복하다.

– 에이브러햄 링컨

눈 위를 걸을 때 어지러이 걷지 마라,
그 발자국은 뒷 사람의 길잡이가 되는 것이다.
- 백범 김구

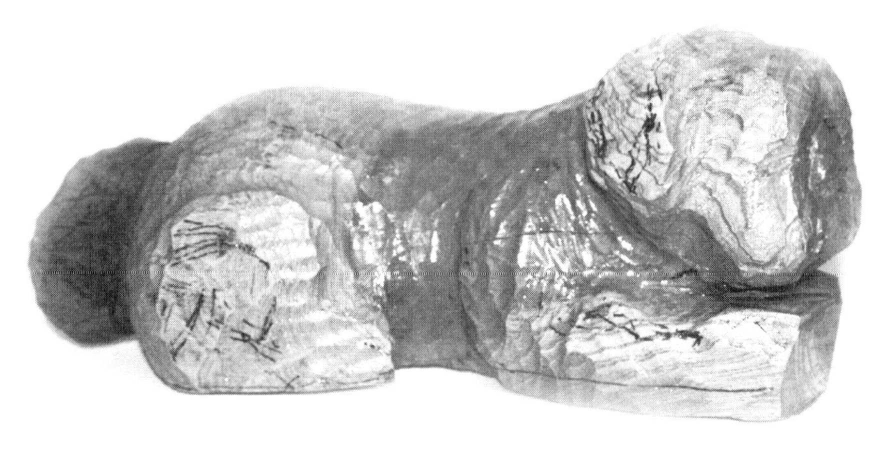

희망은 비용이 전혀 들지 않는다.

-콜레드

인상은 자전거를 타는 것과 같다.
균형을 잡으려면 움직여야 한다.
- 알버트 아인슈타인

왜 굳이 의미를 찾으려 하는가.
인생은 욕망이지 의미가 아니다.
-찰리 채플린

나만이 내 인생을 바꿀 수 있다.
아무도 나를 대신 해줄 수 없다.
- 캐롤버넷

가을

창밖의 노오란 은행잎
들판에 놓여 있는 소먹이
스산한 기후의 가을 풍경이 되었구나

겨울도 멀지 않아 보인다

동지섣달 엄동설한
상상 속에 가을이 저물어가네

나이가 성숙을 보장하지 않는다.

- 라와나 블랙 웰

2부

즐기세

우리는 젊을 때에 배우고 나이가 들어 이해한다.
- 마리 폰 에브너 에센바흐

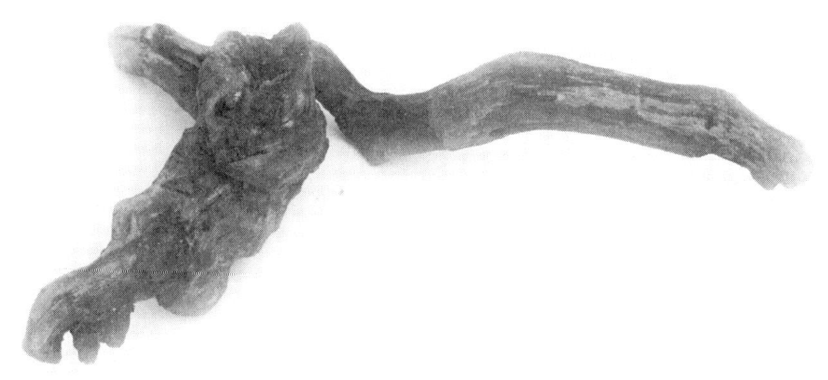

인생은 외국어이다. 모든 사람이 그것을 잘못 발음한다.
- 크리스토퍼 몰리

1)

양심

양심을 속이는 자는
살아가는 인간 상술이다

속일 땐 좋을 테지만
알고 보면 미친한 인간사

얄팍한 이기주의 사회
늘어나는 상술
속이고 속고 사는 현실에

양심!
살아있는 양심이
아쉽기만 하구나

---

1)

인생이란 네가 다른 계획을 세우느라 바쁠 때
너에게서 일어나는 것이다.
- 존 레논

인생에서 원하는 것을 얻기 위한 첫 번째 단계는
내가 무엇을 원하는지 결정하는 것이다.
- 벤스타인

나는 젊음이요, 기쁨이요, 알에서 깨어난 작은 새다.

- 제임스 M 배리

오늘

추석
햇쌀밥 햅쌀밥
빛는 추석명절
온 식구 다 모여
지나온 과거사
오순도순 나누면서
제사상 준비하고

청춘의 꿈 미래의 꿈
모두 합쳐서
광활한 대한민국
우리 모두 힘 모아
오늘 같이만 살았으면

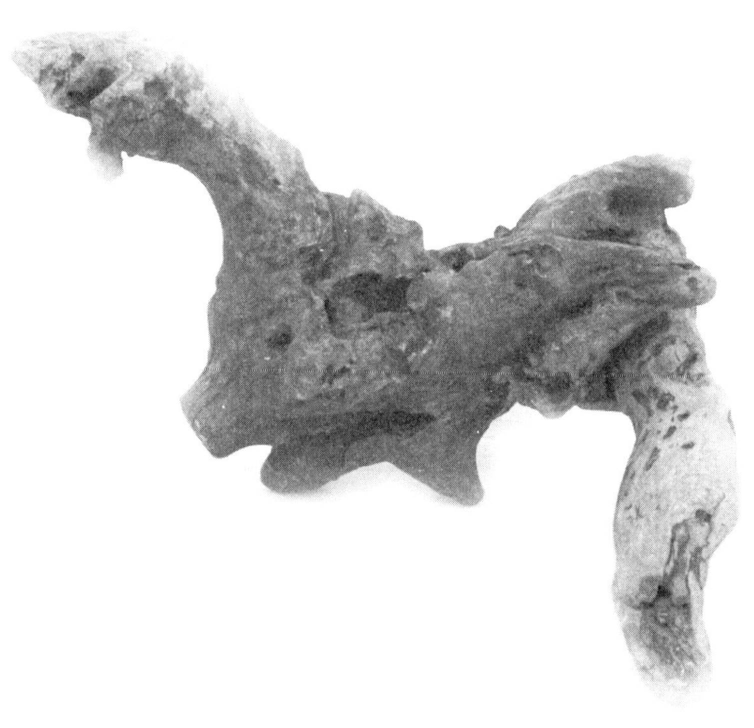

즐기세

술 한 잔
기분이 하늘을 찌르네
팽 팽 도는
머리는 황홀하다
옳고 그름을 못 보는
장래를 망각하고
거기서 인생길이 좌우된다
황홀한 기분에
참지 못하는 응징

할 수 있다고 말하다 보면 결국 실천하게 된다.

– 사이먼 쿠퍼

인생사 · 1

잠시 잠깐
쾌락을 위하여
좌우하는 기로에서
애정이 생각하는
불 같은 욕망

잠재울 수 있는
청춘 황혼
이 모두가
자연의 이치인 걸

성공이란 넘어지는 횟수보다 한 번 일어서는 것이다.

- 올리버골드 스미스

그곳을 빠져나가는 가장 좋은 방법은 그곳을 거쳐가는 것이다.
– 로버트 프로스트

어려움 한 가운데, 그곳에 기회가 있다.
- 앨버트 아인슈타인

기다림

아들 형제 딸 하나
본처 당신
몇 억을 벌어준
십년 넘도록 본처 자식은
결혼을 못 시켰어도
후처 자식은 결혼을 시키어
잘 살게 해준 연변의 여인
본처의 기다림, 그리움
그리운 사람이 있다는 것은
다하지 못한 외로움이 훈풍이 되리
살아가면서 그리운 사람이 있다는 것은
내일이 있어서 기쁘다
황혼에
외로움, 그리움, 기다림 되씹으며
살아가리라

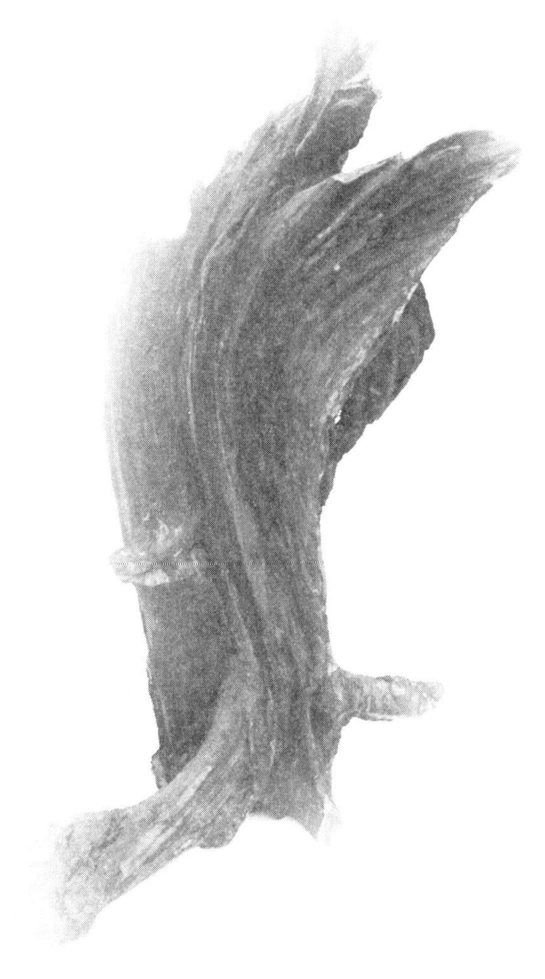

최악의 불행이 찾아오면 최선의 가능성도 함께 온다. 불행과 절망을 겪지 않고는 만족한 삶을 얻을 수 없다.

- 맥샤인 슈널

3부

텃밭이용

공포의 매력에 취할 수 있는 사람은 강자뿐이다.

\- 보들레르

어려운 일은 시간이 해결해준다.
- 이솝

텃밭 이용

내가 먹은 배설물
내가 먹고 산다
온갖 채소
모두가 잘 자란다
태양 이슬 먹고
자란 채소
아침이나 흐뭇하다
싱싱하게 자란 식물
오늘도 하루 생존에 기여하니
오호 고마운 텃밧

평탄한 길에서도 넘어질 수가 있다.
인간의 운명은 그런 것이다.
신 외에 아무도 진실을 알 수 없기 때문인 것이다.
- 안톤 체호프

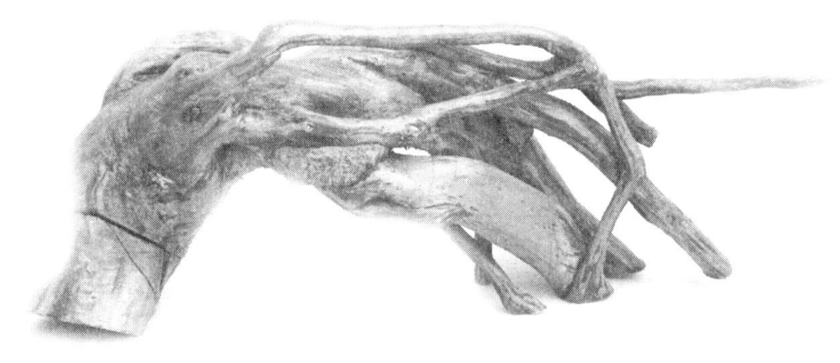

오늘 계란 하나를 가지는 것보다
내일 암탉 한 마리를 가지는 쪽이 낫다.
- 플러

맹세는 말에 지나지 않고
말은 바람에 지나지 않는다.
- 버틀러

인간생활에는 불행이 필연적으로 따라다닌다.
뿐만 아니라 조금 역설적으로 말한다면 불행은 행복에 속한다.
- 할티

높은 계곡

비가 물이 되고
높은 계곡에
또랑이 되고
더 많이 모이면
웅덩이가 되어
신출 기묘한 계곡 만들어
기암괴석 길도 탐험한다
폭풍우가 지난 들판에는
위대한 인간이 존재하는 곳이
바로 오아시스다

선(善)은 결코 실패하지 않는 유일한 투자다.

- 소로

의심스러운 사람이라면 쓰지 말고,

썼다 하면 의심하지 마라.

- 명심보감

잘 싸우는 자는 노하지 않으며,
잘 이기는 자는 싸우지 않는다.
- 노자

산 너머 사격장

산기슭
소나무 밭
맑은 공기 호흡하며
거니는 등산길

오솔길 지나 산 너머엔
사격장 총소리
탕 탕 소총소리
산허리를 휘감는다

해맑은 산울림
메아리로 들으면서
다니는 등산길
상쾌도 하구나

인간사에는 인정된 것이 하나도 없음을 기억하라.
그러므로 성공에 들뜨거나 역경에 지나치게 소심하지 마라.
- 소크라테스

가장 큰 영광은 한 번도 실패하지 않음이 아니라,
실패할 때마다 일어서는 것에 있다.
- 공자

4부

내 사랑 지금 어디

내 사랑 지금 어디

내 사랑 지금 어디,
날 버리고 갔지만
미워할수록
그리움만 낙엽처럼 싸여만 가네

그 어느 땐가
다정하게 사랑을 주고 받고 행복했지만
마음 변해서 가버린 지금
초라한 내 가슴 속에는
그대만을 못 잊어

내 사랑 지금 어디,
철새 따라 갔는가
생각할수록
서러움만 강물처럼 흘러만 가네

그 어느 땐가
영원토록 맹세를 다짐하며
사랑했지만 마음 변해서 가버린 지금
외로운 내 가슴 속에는
그대만을 못 잊어

힘은 쓸수록 세지고 마음은 쓸수록 고와진다.

- 김순진 시인

흔들리지 않고 피는 꽃이 어디 있으랴.
이 세상 그 어떤 아름다운 꽃도 흔들리며 피었다.
- 도종환 시인

당신은 움츠리기보다 활짝 피어나도록 만들어진 존재이다.

- 오프라 윈프리

잔잔한 바다에서 좋은 뱃사공은 만들어지지 않는다.
- 영국 속담

아기 민들레

민들레 아가씨
엄마 품을 떠나가네

바람타고 흩날려서
닿는 곳이 고향인데

얼마나 날아가야
고향 땅에 닿을 거나

옥토에 내려앉아
활짝 피어 웃고 싶은데
맘대로 안 되는 게
삶이라네

날다 보면
거미줄에 걸린 친구
개똥밭이 묻힌 친구
제 각각
그 운명도 갖가질세

장애란 뛰어넘으라고 있는 것이지 걸려
넘어지라고 있는 것이 아니다.
- 정주영

시작하는데 있어 나쁜 시기란 없다.

- F. 카프카

당신만 느끼지 못할 뿐, 당신은 무척 특별한 사람입니다.

-데스몬드 투투

청춘

녹음 짙은 산 너머엔
그리움이 살아 있고
애타게 기다리는
사랑도 숨어 있어

몸 닮아 가고픈 마음
가눌 길도 없다네

꽃피고 새우는
포근한 봄날이면
공연히 허전한 맘
일렁이는 아지랑이

내 마음 나도 모르는
하루해가 저무네

자기 자신을 싸구려 취급하는 사람은 타인에게도 역시 싸구려 취급을 받을 것이다.

- 윌리엄 헤즐릿

진정 우리가 미워해야 할 사람이 이 세상에 흔한 것은 아니다.
원수는 맞은편에 있는 것이 아니라 정작 내 마음속에 있을 때가
더 많기 때문이다.

– 알랭

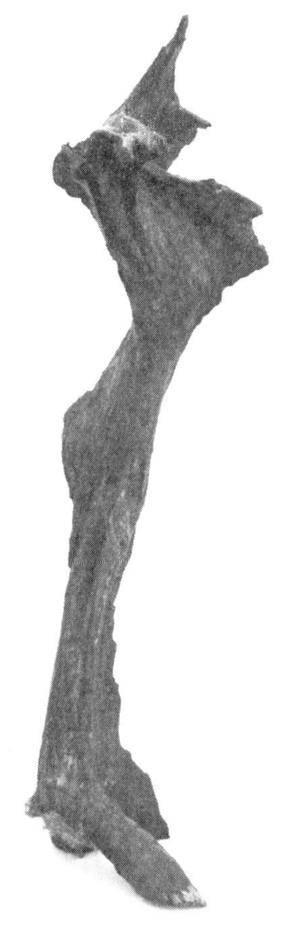

키스해 주는 어머니도 있고 꾸중하는 어머니도 있지만
사랑하기는 마찬가지이다.
-펄 벅

5부

노년의 행복

기회가 찾아오는 정확한 때와 장소를 알아보고,

그 기회를 잡을 수 있어야 한다.

세상에 기회는 많다 그저 손 놓고 앉아 있을 수는 없다.

-엘렌 멧칼프

글은 사람이다.

- 뷔퐁

노년의 행복

화사한 봄소식에
온갖 채소 씨 뿌리며
상상도 즐겁다네
신토불이 우리 농산물

정성껏 가꾸다 보면
한 세월 훌쩍 가네

여린 잎이 돋아나서
비바람을 이겨내면
포기포기 철이 들어
알차게 자라나네
세상사 자연의 이치
시련 후에 오는 낙(樂)
아침저녁 하루해가
어찌 그리 쉬이 가나

가꾸고 보살피기
힘들기도 하지만
성스러운 자라남을
지켜보며 즐기니

농심

파랗게 갈아입은 들판
농부들의 정성의 힘인가

김매고 보살피며
땀 흘려 가꾼 보람으로
지난해의 황금들판,
올해도 잘되기를
하느님께 빌어보네

어제도 오늘도
아침부터 푸른 논배미를
한 바퀴 돌고 나면
기분이 좋아져 힘이 솟네

더불어 조기운동 효과인가
밥맛 또한 꿀맛이니
청춘이 다시 온듯하네

과학은 시로부터 탄생했다.
시대가 변하면 과학과 시는 더 높은 수준에서
친구로 다시 만나게 될 것이다.
- 요한 볼프강 폰 괴테

자녀를 키울 때 가장 힘든 일은 자녀에 대한 두려움보다 희망을
앞세우는 것이다.

- 엘런 굿맨

인생사

간편 간단하게 살자
세상만사 복잡하게
생각하면
끝없는 인생사

마음을 비우고 홀가분한 기분
모든 걸 내려놓고
간편 간단하게 살자

어느 새 나 또한
팔십 줄에 늙어가네

아…
인생은 공수래공수거(空手來空手去)가 아니던가.

나의 어느 부분도 원래부터 있었던 것이 아니다 나는 모든
지인들의 노력의 집합체다.
- 척 팔라닉

책 없는 방은 영혼 없는 육체와도 같다.

- 키케로

절약하지 않는 자는 고통 받게 될 것이니라!

- 공자

삶

수많은 사연들
가슴에 안고 독수공방 홀로
지난 과오 되새기며 밤을 새우고
새벽에 단잠 들어
아침이 되니
해가 중천에 떠 있어
입 안이 깔깔하여
조식도 맛이 없고
차 한 잔 사과 하나
아침조식 대행했네
풀처럼 살다가 먼지가 될
人生事

진정한 사랑은 영원히 자신을 성장시키는 경험이다.

\- 스캇 펙

실패한 사실이 부끄러운 것이 아니다. 도전하지 못한 것이 더 큰 치욕이다.

- 로버트 슐러

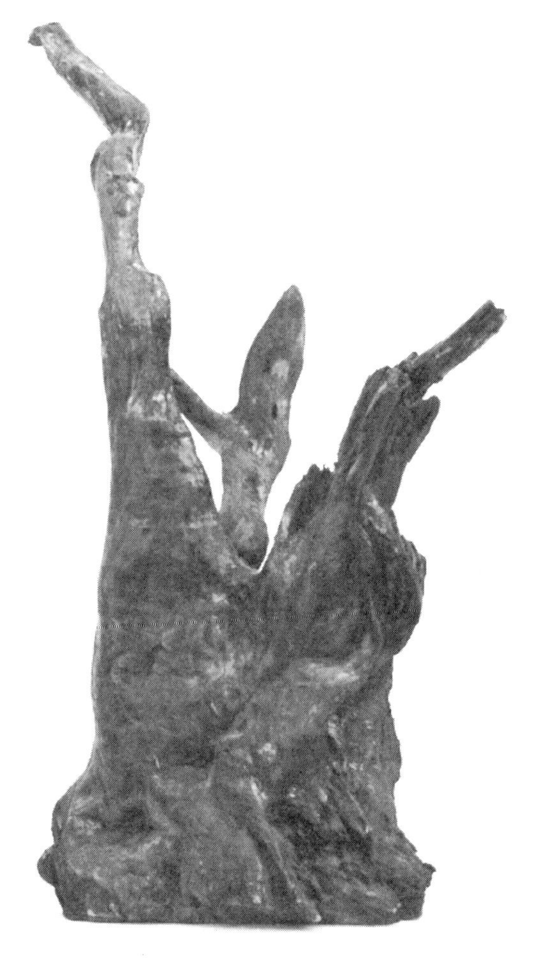

진실하며 권위 있는 예술가는 예술의 진실성을 찾기 위해 부단히
노력한다. 반면 본능에 의지하는 무법상태의 예술가는
자연스러움만을 좇는다. 전자는 예술의 정점에 이르며 후자는
바닥으로 떨어지기 마련이다.
- 요한 볼프강 폰 괴테

갈등

교회 20년
성경책 한 번도 다 못 읽은 교인
하나님은 공기와 바람 없이
생존할 수 있기에

그 누가 비웃어도
성스럽게 존경하는 하나님

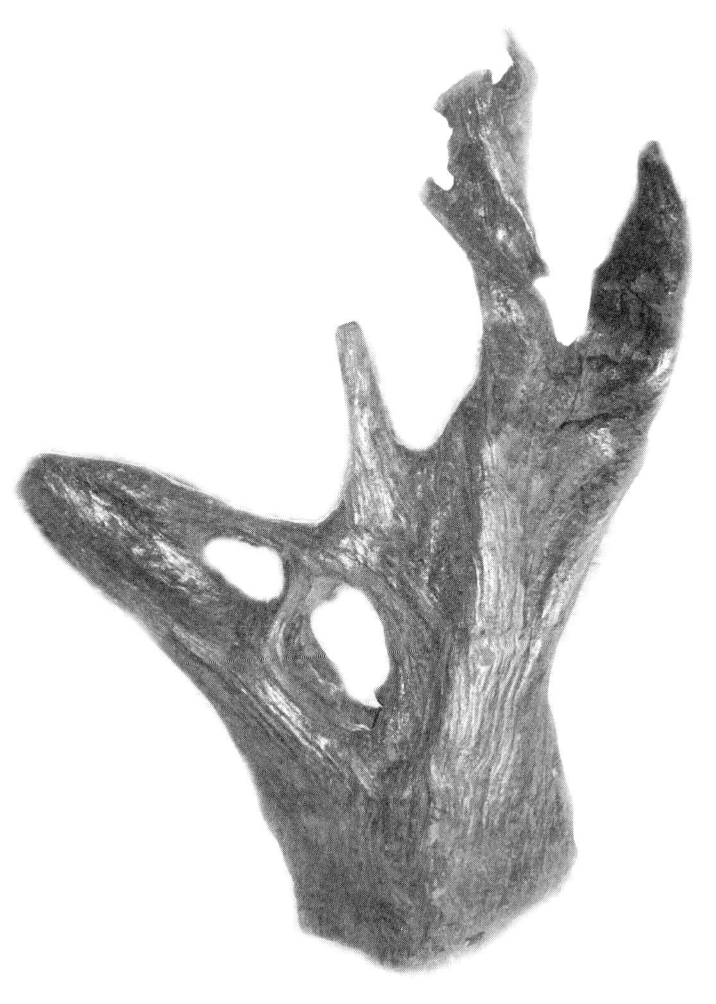

스스로 알을 깨면 병아리가 되지만, 남이 깨주면 계란프라이가 된다. 인생은 언제나 스스로 부딪쳐 경험하고 도전하는 사람에게 더 큰 영광을 알려준다.

- 히슬러

욕구불만(欲求不滿)

남자의 욕구 불만에는
사람을 죽이고 살리는
용기가 치솟는다

남자의 욕구가 절정일 때
여자가 몸을 허락하면
죽음을 면하기도 한다
내 인생에
경험 철학이다.

잊지 말자. 나는 엄마의 자부심이다.
모자라고 부족한 자식이 아니다.
- 드라마 <미생>에서

ISBN 978-89-6577-162-3 03810 : ₩10000
한국 현대시[韓國現代詩]
811.7-KDC6
895.715-DDC23 CIP2015034664

윤규조 시집
죽어서도 사는 나무

초판인쇄일 2015년 12월 24일
초판발행일 2015년 12월 30일

지은이 : 윤규조
펴낸곳 : 도서출판 문학공원
발행인 : 김순진
편집장 : 전하라
디자인 : 김초롱
등 록 : 2004년 3월 9일 제6-706호
주 소 : (우편번호 3382)서울 은평구 통일로 633
녹번오피스텔 501호 스토리문학사
전 화 : 02-2234-1666
팩 스 : 02-2236-1666
홈페이지 : http://cafe.daum.net/yob51
이메일 : 4615562@hanmail.net

※ 잘못된 책은 교환해 드립니다.
※ 책값은 뒤표지에 있습니다.